عاليا جونِ مَن
Nature lover,
Puddle splasher,
Bug spotter,
Tree hugger,
Flower kisser,
Sensitive observer,
You remind me of its beauty.

The Persian Alphabet

We want to simplify your Persian learning journey as it is such a unique & enigmatic language. There are 32 official Persian letters. The letters change form depending on their position in a word or when they appear separate from other letters. For example, the letter ghayn غ has four ways of being written depending on where it appears in any given word:

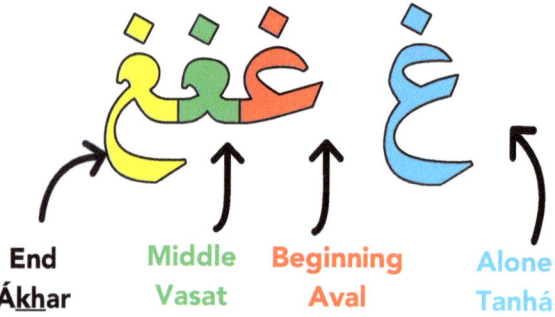

End
Ákhar

Middle
Vasat

Beginning
Aval

Alone
Tanhá

It is important to note that Persian books are read from right to left (←). There are 7 separate/stand-alone letters that do not connect in the same way to adjacent letters (these will be depicted in blue). They are:

Stand alone
Tanhá vámístan

The short vowels a, e & o are usually omitted in literature and are depicted by markings above & below letters (◌). They are not allocated a letter name, unlike their long vowel counterparts á: alef, í: ye & ú: váv (و ی آ).

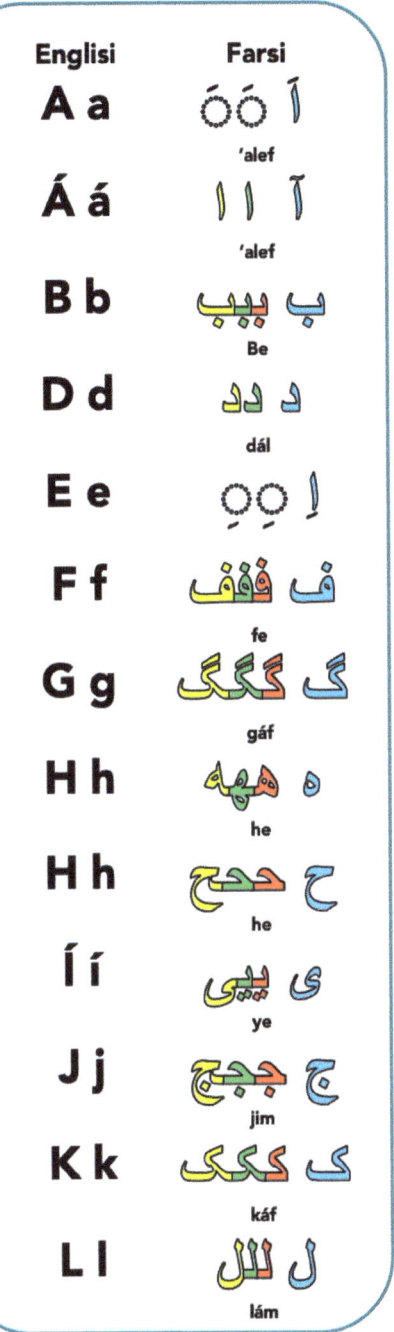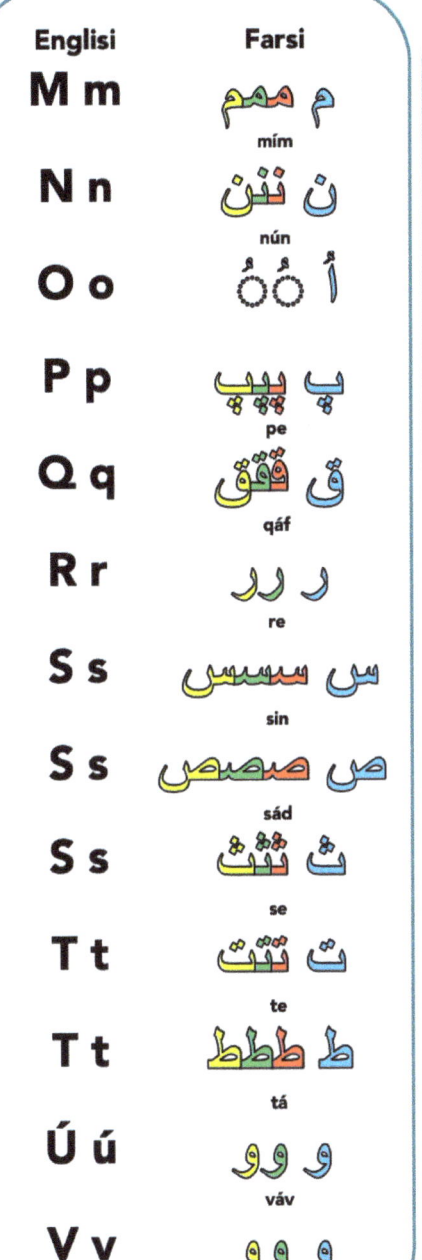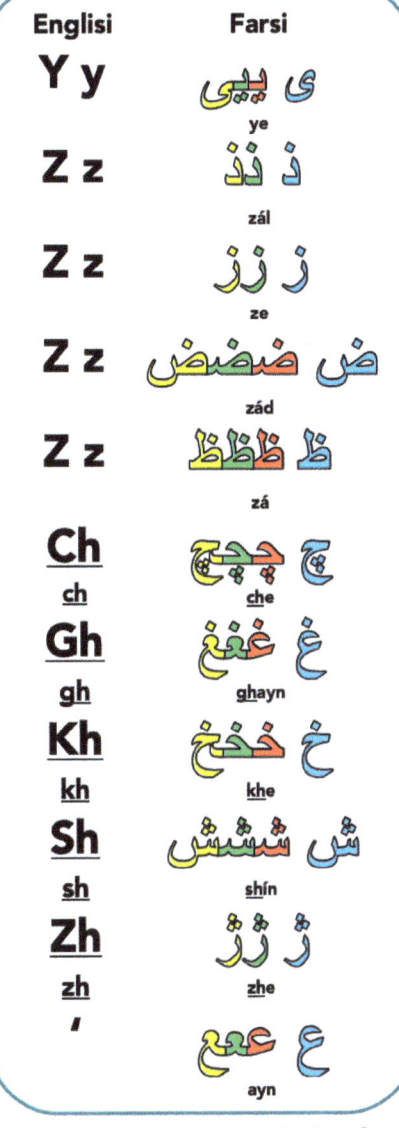

Pronunciation Guide©

Persian	English	Pronunciation
اَ	a	**a**nt
آ	á	**a**rm
ب	b	**b**at
د	d	**d**og
اِ	e	**e**nd
ف	f	**f**un
گ	g	**g**o
ه	h	**h**at
ح	h	**h**at
ی	í	m**ee**t
ج	j	**j**et
ک	k	**k**ey
ل	l	**l**ove
م	m	**m**e
ن	n	**n**ap
اُ	o	**o**n
پ	p	**p**at
ق	q/gh*	me**r**ci
ر	r	**r**un
س	s	**s**un
ص	s	**s**un
ث	s	**s**un
ت	t	**t**op
ط	t	**t**op
و	ú	m**oo**n
و	v	**v**an
ی	y	**y**es
ذ	z	**z**oo
ز	z	**z**oo
ض	z	**z**oo
ظ	z	**z**oo
چ	ch	**ch**air
غ	gh*	me**r**ci
خ	kh*	ba**ch**
ش	sh	**sh**are
ژ	zh	plea**s**ure
ع	ʼ	uh-oh†

*	: guttural sound from back of throat
†	: glottal stop, breathing pause
՞	: Indicates a double letter
՞	: Indicates the letter n sound
لا	: Indicates combination of letter l & á (lá)
ای	: Indicates the long í sound (ee in m**ee**t)
ایـ	: Indicates the long í sound (ee in m**ee**t)
(...)	: Indicates colloquial use

seasons

fasl há

فَصل ها

á: as (a) in <u>a</u>rm

spring

bahár

بَهار

á: as (a) in arm

summer

tábestán
تابِستان

á: as (a) in arm

autumn

páyíz

پاییز

á: as (a) in <u>a</u>rm
í: as (ee) in m<u>ee</u>t

winter

zemestán

زِمِستان

á: as (a) in arm

volcano

átashfeshán
آتَشفِشان

á: as (a) in <u>a</u>rm

iceberg

kúhe ya<u>kh</u>

کوه یَخ

ú: as (oo) in m<u>oo</u>n

weather

havá

á: as (a) in arm

degrees

darejeye havá

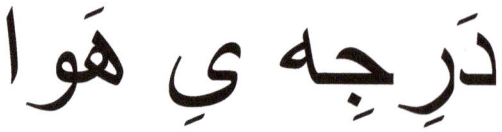

á: as (a) in <u>a</u>rm

[Celsius/Centigrade: sántígrád]
[Fahrenheit: fárehnáyt]

cloud

abr

اَبر

sun

áftáb

آفتاب

(khorshíd)

á: as (a) in arm
í: as (ee) in meet

rain

bárán

باران

á: as (a) in arm

wind

bád
باد

á: as (a) in arm

thunder & lightening

rad va bargh

رَد وَ بَرق

fire

átash
آتَش
(átísh)

á: as (a) in arm

rainbow

rangín kamán

رَنگَین گَمان

í: as (ee) in m<u>ee</u>t
á: as (a) in <u>a</u>rm

gravity

jázebeh zamín

جاذِبِه زَمین

á: as (a) in arm
í: as (ee) in meet

garden

bágh
باغ

á: as (a) in arm

seedlings

nahál

نَهال

á: as (a) in arm

plant

gíáh
گیاه

í: as (ee) in m<u>ee</u>t
á: as (a) in <u>a</u>rm

flower

gol
گُل

leaf

barg

بَرگ

branch

shákheh

á: as (a) in <u>a</u>rm

[wood: chúb]
[stone/rock: sang]

desert

kavír

کویر

í: as (ee) in m<u>ee</u>t

cave

ghár
غار

á: as (a) in arm

jungle

jangal
جَنگَل

waterfall

ábshár
آبشار

á: as (a) in arm

mountain

kúh

کوه

ú: as (oo) in m<u>oo</u>n

valley

darreh

دَرِّه

land

zamín

زَمين

í: as (ee) in m<u>ee</u>t

island

jazíreh

جَزیرِه

í: as (ee) in m<u>ee</u>t

sea

daryá
دَریا

á: as (a) in <u>a</u>rm

[ocean: og<u>h</u>íánús]

sky

ásemán

آسِمان

(ásemún)

á: as (a) in <u>a</u>rm
ú: as (oo) in m<u>oo</u>n

tree

derakht

دِرَخت

mud

gel

g: as (g) in go

map

naghsheh

نَقْشِه

to explore

kávo<u>sh</u> kardan

کاوش کردَن

á: as (a) in <u>a</u>rm

[to discover something new: kashf kardan]

Quick Reference: Nature

English	Finglisi™	Persian
seasons	fasl há	فَصل ها
spring	bahár	بَهار
summer	tábestán	تابِستان
autumn	páyíz	پاییز
winter	zemestán	زمِستان
volcano	átashfeshán	آتَشفِشان
iceberg	kúheh yakh	کوه یَخ
weather	havá	هَوا
degrees	darejeye havá	دَرجِه ی هَوا
cloud	abr	اَبر
sun	áftáb	آفتاب
rain	bárán	باران
wind	bád	باد
fire	átash	آتَش
rainbow	rangín kamán	رَنگین کَمان

Quick Reference: Nature

English	Finglisi™	Persian
gravity	jázebeye zamín	جاذِبه ی زَمین
garden	bágh	باغ
seedlings	nahál	نَهال
plant	gíáh	گیاه
flower	gol	گُل
leaf	barg	بَرگ
branch	shákheh	شاخِه
desert	kavír	کویر
cave	ghár	غار
jungle	jangal	جَنگَل
waterfall	ábshár	آبشار
mountain	kúh	کوه
valley	darreh	دَرِّه
land	zamín	زَمین
island	jazíreh	جَزیره
sea	daryá	دَریا

Quick Reference: Nature

English	Finglisi™	Persian
sky	ásemán	آسِمان
tree	derakht	دِرَخت
mud	gel	گِل
map	naghsheh	نَقشِه
to explore	kávosh kardan	کاوش گَردَن
English	Englísí	اِنگِلیسی
Persian	Fársí	فارسی

www.ingramcontent.com/pod-product-compliance
Lightning Source LLC
Chambersburg PA
CBHW061134010526
44107CB00068B/2942